U0019447

當兩個人用不同的觀點看世界時，
她們會看見截然不同的視野，
即使他們處在同一個地球上。

by **Damrong** Pinkoon

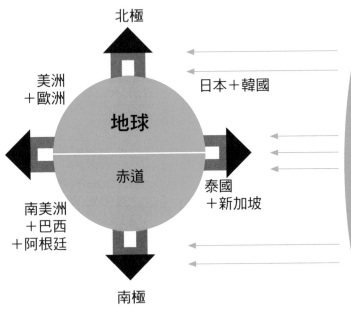

太陽

直徑1400000公里，
重量高達1300000個地球。

地球

垂直直徑是14700公里，
水平直徑是12755公里，
圓周長40075公里，
看起來像個圓形，但其實是橢圓形。

泰國

位置接近赤道（接近地球中央），
這使他成為最接近太陽的國家，
也讓他有著比多數國家都更溫暖炎熱的氣候。

挪威和瑞典

接近北極圈，這表示他們擁有長達9個月的寒冷氣候，
最冷的時候溫度低達攝氏-30度。
一年中的某些日子，南韓也會經歷低達攝氏-25度的天氣。

宇宙大爆炸是巨大的能量爆發，
同時也被相信是宇宙擴大的開始。

這個無形的能量匯集在約150億年前，
大爆炸後在空無一物的空間中逐漸形成大氣。

EARTH

地球成形於匯聚太陽星雲、氫氣和其他氣體。
經過十多億年後，第一個生命得以站穩腳跟，
並開創星球的生命力。

EARTH

每24小時運轉一次，

或是

每一天運轉一次。

EARTH

365天繞行太陽一圈，

或是

每一年繞行一圈。

將太陽系中的星球從最接近太陽的岩石星球到充滿氣體的巨大星球一一列出，我們有：

太陽

1) 水星
2) 金星　　　　　這4個星球是以岩石為主形成的
3) 地球　　　　　星群。
4) 火星

5) 木星
6) 土星　　　　　這4個星球是以氣體為主形成的
7) 天王星　　　　星群。
8) 海王星

9) 冥王星　　　　冥王星由於體積較小，能否被定義
　　　　　　　　　為一個星球仍有許多討論。

水星是最接近太陽的星球。
下午的時候，水星溫度能達攝氏427度。
傍晚的時候，水星溫度則低至攝氏-183度。

EARTH

地球是第三接近太陽的星球，
是太陽系星球中唯一一個擁有能維持生命的成分。
和太陽維持剛剛好的距離，允許液體水分成型，
獲得剛剛好的溫度。
兩極的磁場使得生命得以興盛，
包含植物、昆蟲、陸生動物、海洋動物，以及人類。

萬事萬物＋人生中大大小小的事件＋

各式各樣的精彩故事＋

愛＋慷慨＋快樂＋自我實現＋

以及地球上的生命體，

全部都圍繞著一個

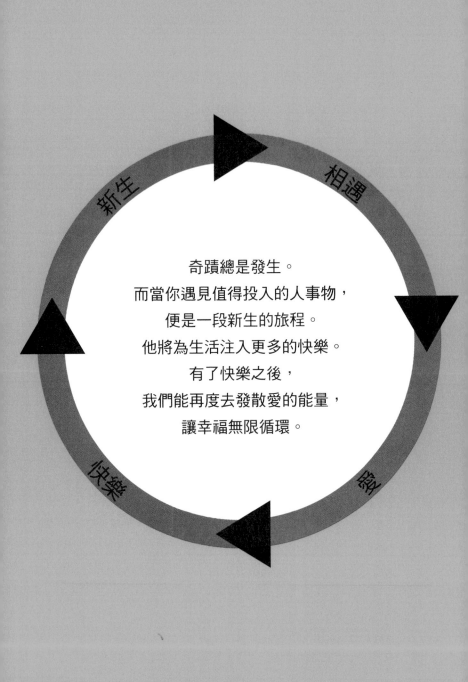

新生　相遇

快樂　啟

奇蹟總是發生。
而當你遇見值得投入的人事物，
便是一段新生的旅程。
他將為生活注入更多的快樂。
有了快樂之後，
我們能再度去發散愛的能量，
讓幸福無限循環。

命定的「相遇」能觸發「愛」的能量，

獲得「愛」的能量就能感受到「幸福」的力量。

為什麼地球是圓的？

那是因為──

無論我們會面臨什麼困難、遭遇什麼苦痛，

我們終會重新獲得愛還有快樂，

就如同所有人一樣。

昨日　今日　後日　明日

地球圍繞著它的軸心旋轉，
這促使了日曆上的日日變化。
每一天都根據最後一次的改變去前進，
這代表——
沒有人能夠改變它們的過去。

「昨日」是「今日」的過去式，

「今日」是「明日」的過去式，

「明日」是「後日」的過去式。

為什麼地球是圓的？

這是因為──

現在發生的事情，

都會是過去每一天的未來，無一例外。

並且，我們的未來都含蓋著許多過去，

包括今日也是。

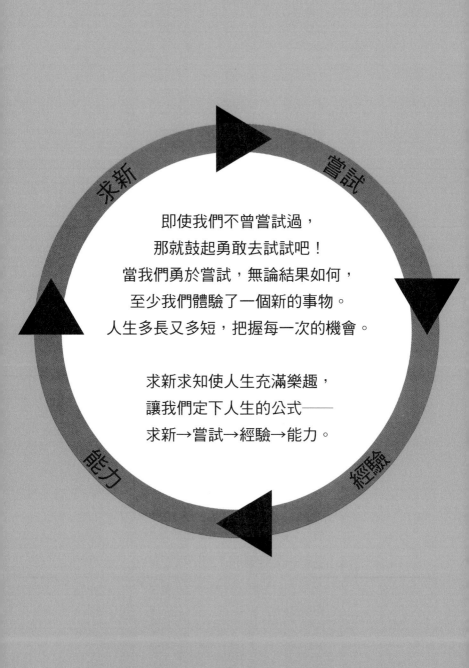

求新

嘗試

即使我們不曾嘗試過，
那就鼓起勇敢去試試吧！
當我們勇於嘗試，無論結果如何，
至少我們體驗了一個新的事物。
人生多長又多短，把握每一次的機會。

求新求知使人生充滿樂趣，
讓我們定下人生的公式——
求新→嘗試→經驗→能力。

能力

經驗

「思考」然後「行動」。

若只有「思考」而沒有行動，

那麼這個思考將只是「華麗的想法」。

「思考」並且「行動」

便能稱的上是「嘗試」。

為什麼地球是圓的？

當你願意去嘗試某件新事物，

你會得到的結果將等同於你所付出的能量。

只要我們付出一定程度的「努力＋決心」，

我們能獲得的結果將等同於我們所付出的能量。

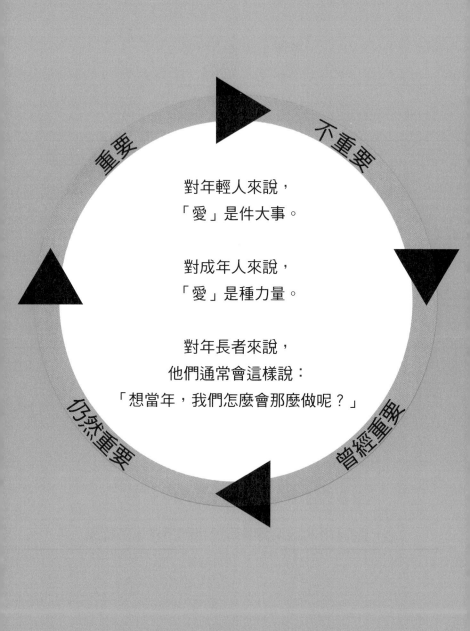

對年輕人來說，
「愛」是件大事。

對成年人來說，
「愛」是種力量。

對年長者來說，
他們通常會這樣說：
「想當年，我們怎麼會那麼做呢？」

不重要

曾經重要

仍然重要

重要

一件事情的重要性對每個人都不盡相同。

如果某人說「這很重要」，

我們可以認同或是不認同他的想法。

為什麼地球是圓的？

那是因為──

我們認為重要的事情，

無論經過幾年，他依然如此重要。

而如果我們認為不重要，

那麼我們將可能永遠看不見事情背後的價值。

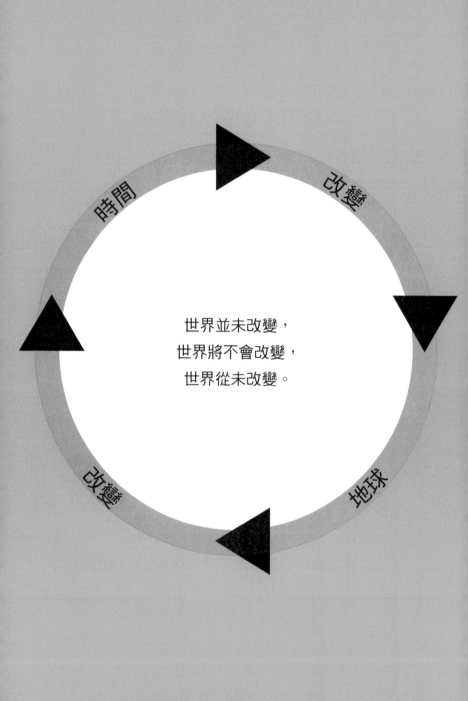

世界並未改變，
世界將不會改變，
世界從未改變。

人是善變的動物，

而且他們總是說：

「我都沒變，跟以前一樣。」

這就好像一個喝醉的人，

總是對外宣稱：

「誰說我喝醉，我才沒醉！」

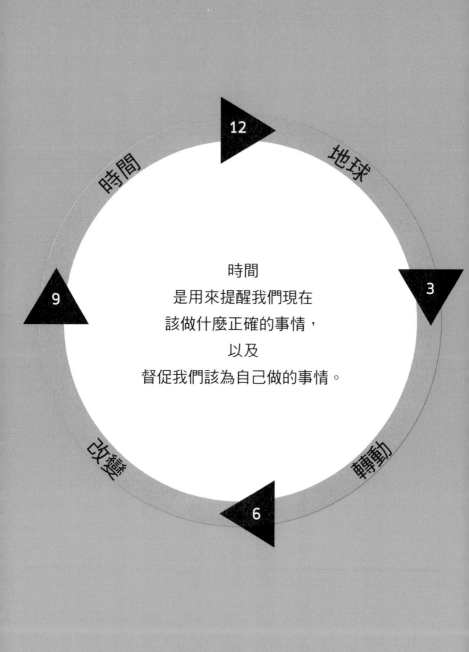

時間
是用來提醒我們現在
該做什麼正確的事情，
以及
督促我們該為自己做的事情。

時間的轉動如同地球一般，

或是說

地球的轉動如同時間一般。

時間
告訴我們現在該做什麼重要的事情，
或是說，
在不重要的時刻裡，
我們不該做什麼事情。

面對時間，

當我們希望他走快一點的時候，

它偏偏就會變慢。

然而，

當我們開心的時候，

希望時間過得慢一點。

它偏偏就會快轉。

在我們青年時期，
我們總是希望快快長大成人。

在我們成年時期，
我們希望慢慢變老。

在我們老年時期，
我們想重新做個孩子。

男人曾經是男孩，

女人曾經是女孩。

當男人遇到女人的那一刻，

那個男孩與女孩就相遇了。

在很短的時間內，

男孩會轉變成男人。

女孩會轉變成女人。

然後他們會再度誕生另一個男孩或女孩。

満意

満意——
對某些人來說可能是「一百萬美金」。
頗為満意——
對某些人來說可能是「十萬美金」。
非常満意——
對某些人來說是可能是「一萬美金」。

那麼，
何謂「尚可」呢？

尚可

頗為
満意

非常
満意

我們立足在世界上的哪個角落？

對於「好的、壞的、滿意、可惜」的界線有多寬廣呢？

我們該用「非常滿意」或是「滿意」來當作標準，

才可以得到真正的快樂呢？

若是以「尚可」當作標準，

也同樣能得到「非常滿意」的快樂嗎？

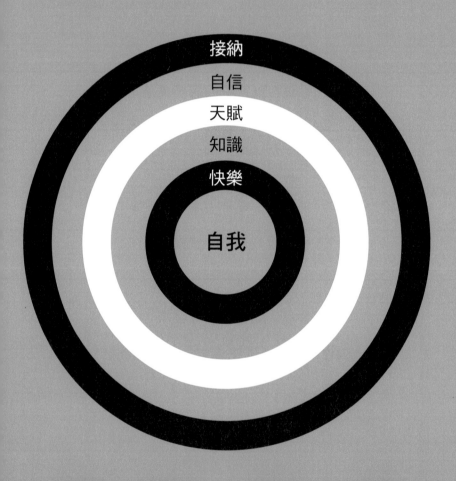

接納

自信

天賦

知識

快樂

自我

我們想要什麼？

接納

社交與友誼

真正的天賦

物質的滿足

心靈的快樂

或是

自我

什麼都想要？

我們應該將負面情緒驅逐嗎？

負面情緒

又該將負面能量驅逐於什麼之外呢?

有些人不知道自己被負能量所壟罩，

所以他們提不起勁、無法感覺快樂。

大部分的人能夠在自己與另一個人對話

或是產生關係的時候，

發現自己的情緒狀態。

有些人未能察覺自己被負能量壟罩，

但是其他人能夠從他的行為中嗅到濃重的悲觀氣息。

若人不能自知、自省、自覺，

便很容易擴散他的負能量，導致別人的不愉快。

好人　　壞人

如果我們無法分辨

　甜的和酸的，

如果我們無法分辨

　熟食與生食，

如果我們無法分辨

明智的和無知的，

如果我們無法分辨

　孰是孰非，

那麼毫無疑問的，

我們將無法分辨自己的一生該往何處去。

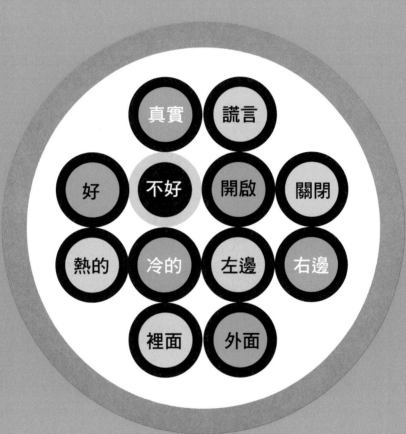

這個世界同時存在「因」與「果」。

當結果以我們不想要的形式來到面前，

這代表我們曾經做過的事是不對的。

如果，

我們想要改變結果，

那得要再次行動，

但是這一次需要一個全新的計畫，

一個不同於以往的計畫。

為什麼地球是圓的？

那是因為——

每個人的旅程，

有的時候是一條直線，

有的時候是一條曲線。

而大部分的時候，

我們必須要轉個彎、改變方向，

調整我們的生活去適應生活中的新方向。

圓形的地球為我們開啟了新的機會。

對於是否應該繼續走下去或是停止，

做出「思考」、「覺察」、「自我分析」。

向左轉，或是向右轉？

或者是往回走，

又或者從頭開始？

圓形的地球讓我們在每一次舉棋不定的時候，

有夠多時間去思考。

為什麼地球是圓的？

那是因為——

地球能夠自轉，

而某些時候，

我們也該為了自己而轉。

生存遊戲

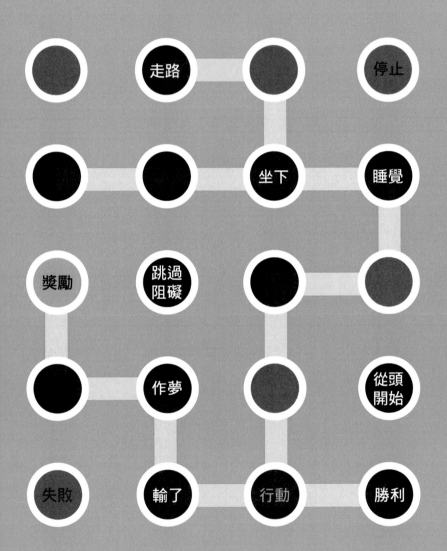

你曾經玩過這個生存遊戲嗎?

馬路，

是為了讓人們行走而鋪設的；

椅子，

是為了讓人們坐下休息而製造的；

捷徑，

是為了讓人們快速抵達終點而創建的；

天橋，

是為了讓人們安全抵達馬路的另一端而創造的。

人類，

可能是生來就擁有「夢想」的

那一種動物。

夢想，

是從頭腦的前額葉部位所創造出來的玩意，

同時也是我們創意的來源。

人類腦部的前額葉面積比例，

比猴子、馬、老虎、獅子、鸚鵡都還要大。

而人類能以雙腿行走，

這使得人類能多出另外兩肢做為「手」來使用。

科學家聲稱：

擁有大拇指的人類比其他動物更具備環境適應力。

這使人類擁有比其他動物更容易拾起物品

和判斷物品的能力。

人類都擁有一個大腦和一雙手，

但我們用不同的方式發揮他們的功能。

有些人利用它們好好學習，

有些人利用它們好好工作，

有些人利用它們照顧家人，

有些人利用它們創造財富。

但也有些人從未利用它們來幫助自己。

事實是有些人這輩子雖做為人類，

卻從未好好使用這個腦袋，

他們並未使用這個禮物來創造有意義的事情。

取而代之的是，

創造毫無價值的事物，

也未曾好好發揮人腦的潛能。

如果我們是擁有夢想的人類——

我們可以選擇

勇於發問或是保持沉默；

獲得知識或是看電視；

運動或是睡覺；

成為一隻老虎或是紙老虎；

持續進步或是原地不動；

努力爭取或是輕意放棄；

時常去做或是只做一次；

收割或是挑選；

保持年輕的心或是消極度日；

玩得開心或是了無生氣。

DREAMS

THINK + DO

單單思考是無法成就任何事情的，

只有行動卻沒有想法會導致錯誤。

因此，思考與行動應當是同進同出的。

將思考與行動結合，才能創造完美。

就像漢堡配可樂、炸魚配薯條那樣的天造地設。

如果有仔細的思考，

並且搭配有決心的行動，

你所渴求的事情將會獲得巨大的成功。

在某一個時刻，

你會感謝自己的努力並享受不凡的成功。

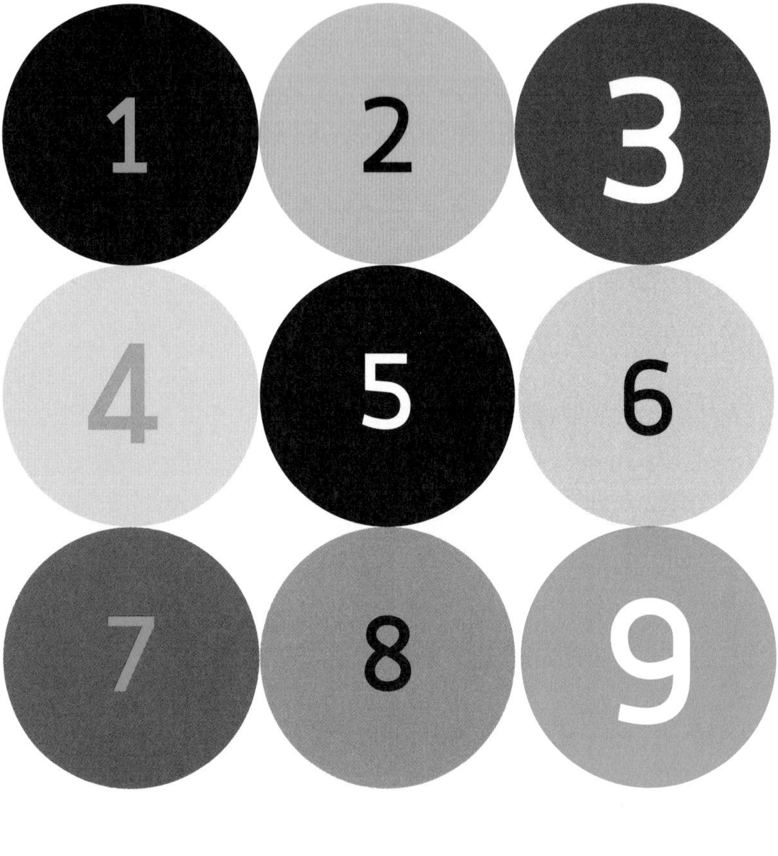
1
2
3
4
5
6
7
8
9

這個世界有因就有果，

當我們朝著一面牆壁扔球的時候，

球會反彈回來。

若我們吃到不潔的食物，

我們會生病或是拉肚子；

如果我們認真工作並有支有度，

我們會有一筆不錯的積蓄。

若我們違規駕駛，

終有被抓到的一天。

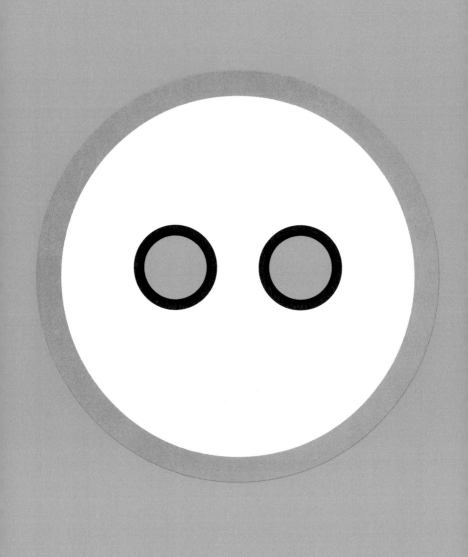

因果論

簡單來說

用髒水來清洗身體的話，

不僅洗不乾淨，

還可能因為孳生細菌而生病。

時常讀好書+行好事+正面思考，

心靈也會充滿美好的事物。

經常讀壞書+做壞事+負面思考，

心靈也會充滿負面和骯髒的想法。

西瓜

西瓜是圓的，

地球也是圓的。

很多年以前，

人們以為地球是平的，

而認為地球是圓的的那些人，

會被視為異端。

當有人的想法與多數人不同的時候，

他們會被斬首或是燒死，

罪名是──過度思考。

而在今日，如果人會因為想得太多而被斬首，

那地球人數大概會銳減一半。

工作

存錢

金錢

飲食

不要再稱呼那些
投入工作的人「工作狂」，
去看那些偷懶的人們並問他們：
「為什麼不能像其他人一樣努力工作呢？」

人不能沒有工作，

一部份是為了賺錢謀生，

一部分是為了擁有更寬廣的視野，

一部分是為了替更好的未來打算。

唯有如此，

我們才不會去覬覦別人的金錢財富，

我們會為了自己，去做份內的事。

因此當一個人為了自己更好的未來而努力著，

並不是什麼該被碎嘴的事。

啃老、不事生產才是真正不該做的事，

走吧！去工作吧！

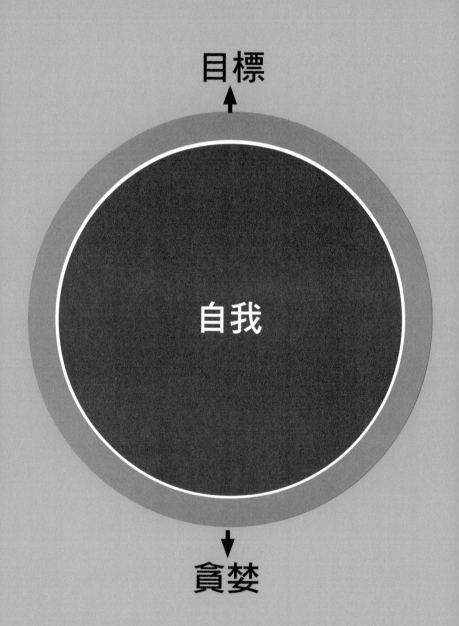

擁有安穩的生活對大部分的人而言已足夠，

但從近幾個世代的大事件看來，

人類仍逃不過物質、財富、美色、權力的誘惑。

期許人人都能夠創造一副知識的盔甲，

以教育、閱讀還有仁愛

去抵擋所有的誘惑，

以保護並鞏固長存心中的自我節操。

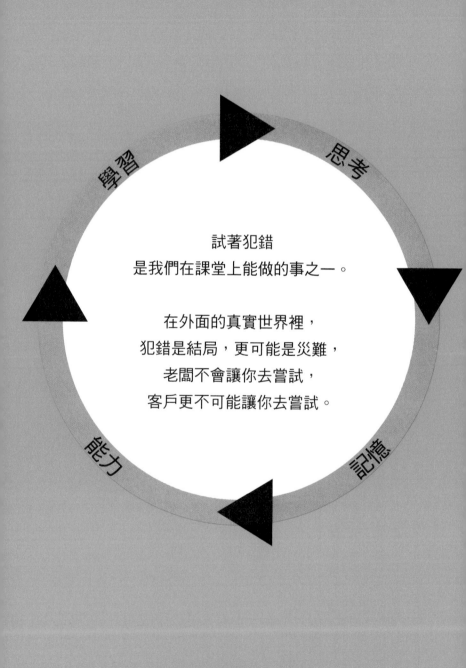

試著犯錯
是我們在課堂上能做的事之一。

在外面的真實世界裡，
犯錯是結局，更可能是災難，
老闆不會讓你去嘗試，
客戶更不可能讓你去嘗試。

學習

思考

記憶

能力

學習新事物必然會有犯錯的時候，

我們必須思考原因，

並且避免再次犯錯。

牢記原因，

決心不再犯同樣的錯。

當你思考原因、牢記在心之後，

你的決心與努力最終將會成為你的思想與作為，

那是別人奪不走的能力。

負面思考

負面行動

負面語言

負面的人

「在負面的環境裡面，
好人才得以展現自己。」
這是真的嗎？

如果是真的，
是否應該說他們是一半的好人？

或許他們是在好與壞之中，
取一個折衷之道。

再堅強的人也難以對抗連日惡夢，

惡夢是忌妒者的怨念，

是負面態度＋負面情緒＋惡意攻擊＋八卦碎語的總和。

但能促使人們繼續前進、

好好生活的是正面的夢想，

以及

我們每日生活中的小善舉。

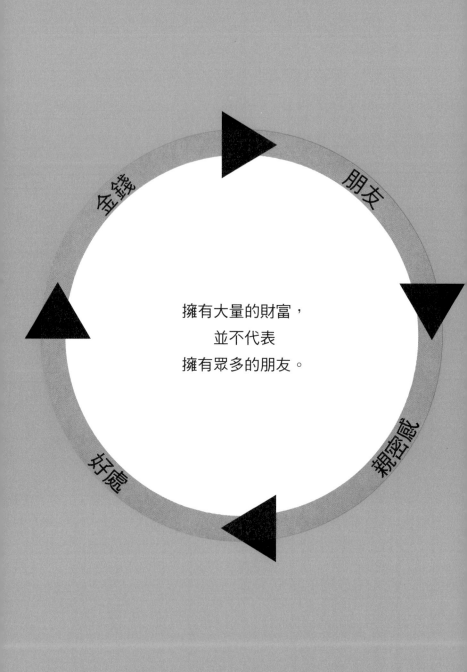

金錢

朋友

親密感

好處

擁有大量的財富，
並不代表
擁有眾多的朋友。

沒有太多財富的人，

通常擁有豐足的友誼；

擁有大量財富的人，

通常擁有的敵人多過於朋友。

如果在一趟旅程中，

你只可以攜帶一樣東西，

你會選擇財富或是友誼？

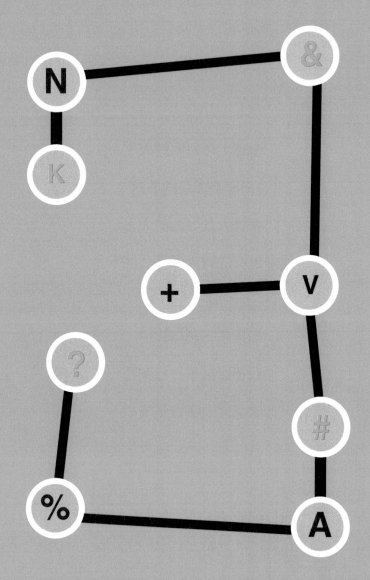

生命是不停地從A點走向Z點的過程，

在人們還搞不清楚我們要去那裡的時候，

我們唯一能做的只有「前進」。

有些時候必然是孤獨的，

因為我們只能獨自前往。

但是在某些時候，

我們可能會遇到許多朋友；

而在某些路段，

可能會遇見灑滿的玫瑰花；

某些路途上，

可能會被笑聲所縈繞。

無論遇到什麼，有一件肯定的事情──

每條我們所選擇前進的道路只能自己走，

自己的旅途，自己啟程。

做好事

獲得壞結果

做壞事

獲得好結果

做好事，但是得惡果，
世界上有這樣的事情嗎？

正面思考＋日行一善的人越來越少，

但是負面思考＋行事不善的人

卻逐漸增加，

甚至獲得許多人的支持，

而被人們所仰望。

好人得不到足夠的支持，

迫於世俗與現實，也將可能轉而成為壞人。

使壞比堅持行善容易多了。

行善不難，然而持續行善卻是非常困難，

人善難免被人欺，

於是好人也只能越來越少。

思想是一個被框在方形框框裡的圓圈，

我們該怎麼去做不同層面的思考呢？

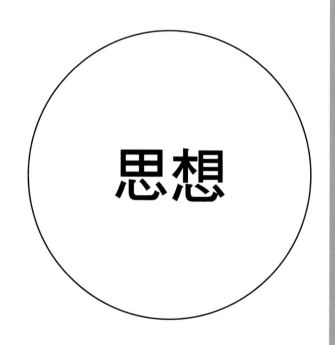

思想

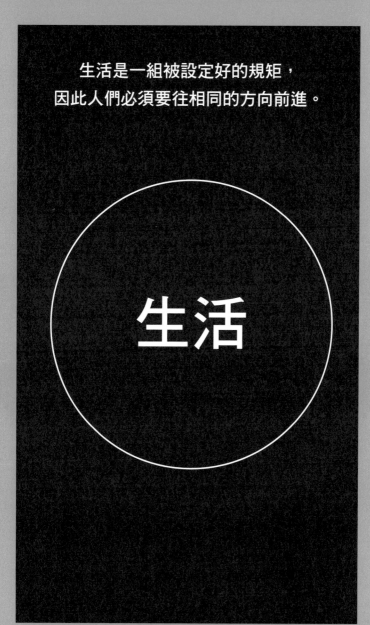

生活是一組被設定好的規矩，
因此人們必須要往相同的方向前進。

生活

學習＋工作＋賺取財富＋增長年歲

玩耍＋創造力＝迷失在我們的生活裡

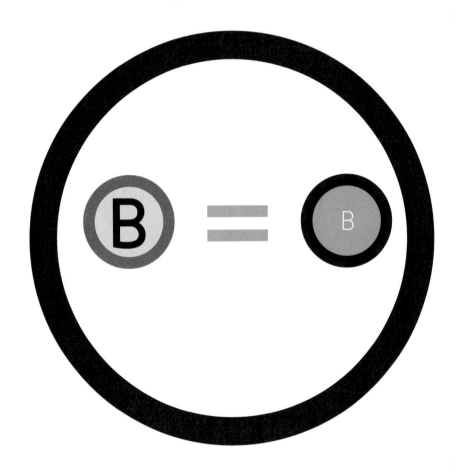

為什麼地球是圓的？

因為當我們做了好事，

總有一天這些好事會回到我們身上。

同理，

當我們做了壞事，

最終這些壞事也會回到我們身上。

我們無法打敗所有人，

因為我們不是超人。

我們無法用手掌心發射蜘蛛網，

抓捕所有的壞人，

因為我們不是蜘蛛人。

我們無法身穿金屬盔甲飛天遁地，

因為我們不是鋼鐵人。

但是我們可以有好的想法＋好的作為，

因為我們是平凡人，

和大家一樣的平凡人。

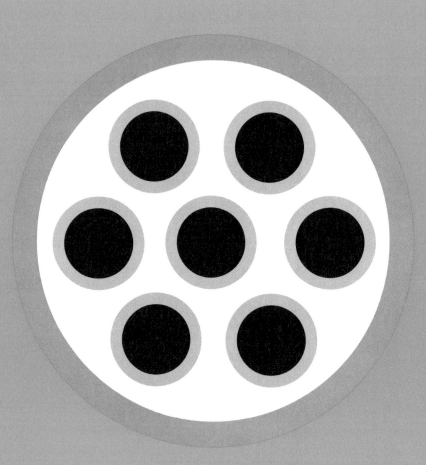

雨水是從雲朵裡生成的，

雲朵是從水蒸氣生成的，

水蒸氣是從蒸發的水生成的，

蒸發的水是從水生成的，

水是從雨水生成的。

這就是

「為什麼地球是圓的」的原因。

老虎獵食鹿，

鹿吃牧草，

牧草從土壤中獲取養分，

土壤分解老虎糞便重新活化。

老虎糞便給予了土壤豐富的營養，

是天然的肥料；

牧草是鹿最豐沛的食物來源，

鹿則是老虎維生的食物來源，

此一食物鏈亦是缺一不可的圓。

曾經有人問過一個問題：
正面思考是對待自己最好的方法嗎？

我的回答是：
正面思考是一項平凡人擁有的特別天賦，
他們看待不同的事物以獲得不同的反饋。
就如同照鏡子一般，
當我們舉起左手的時候，
鏡中人則會舉起右手。

正面思考就像是在不同的狀況中做切換，
從一個不好的角度轉變為好的視角，
這也是創新的視角。

負面思考則是看著好的事物
卻將之轉為不好的事物，
這是一種降階的視角。

正面思考絕不會傷害任何人，
負面思考則是傷害了思考者本身，
對旁人亦無任何益處。

曾經有人問過一個問題：
因果報應決定人們的成敗，是嗎？

我以我本身的理解來回答這個問題：
所謂的「因果報應」，
我認為它能被比喻作這三樣東西，
第一是廚師，
第二是髮型設計師，
第三是醫師。

當有食物被殘留在盤中的時候，
而人們會說那食物不夠好吃。
廚師將可能會被責備。

如果我們的髮型讓我們看起來很可笑，
髮型設計師會被責備，
而很少有人會去責備自己的選擇。

如果我們的疾病無法被確診、被治癒時，
人們會說醫師醫術不佳，
醫師給予的治療或是藥物不夠好，
醫師及團隊會被責備。

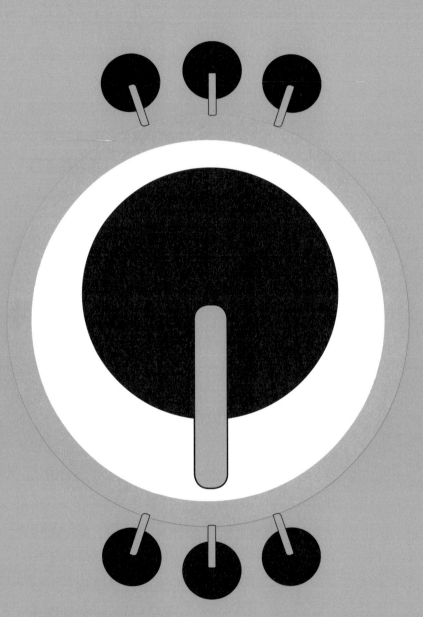

人類、動物和大地，

使得地球變得生動美麗。

如果沒有人類、沒有動物、沒有大地，

地球可能會變得像是火星，

一顆空蕩、了無生趣的星球。

如果人們如同地球一樣，

包容萬物生存，

並且給予較弱勢的族群一個休息的場所，

或是樂於為他人付出，

那麼地球將充滿著許多善心善念，

人們寬厚相待，

這會讓世界變得更加美好。

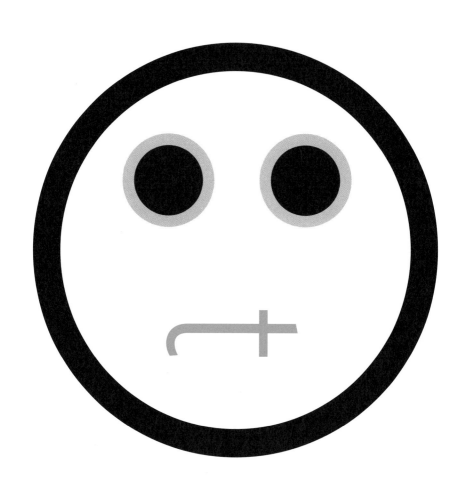

一個什麼都不做的人，

可能會和另一個做的好的人說：

「為什麼如此有野心呢？」

一個做的更好的人，

可能會和一個什麼都不做的人說：

「為什麼不去創造一些不同的事物呢？」

而旁觀的人可能會對那位

創造了新事物的人說：

「你創造了令這個世界更加美好的事物。」

而他可能會對那個什麼都不做的人說：

「既然你不曾創造過任何事情，

又怎麼能去批評別人呢？」

APPLE

一顆蘋果放在那兒一天，

沒什麼改變。

一顆蘋果放在那兒一週，

沒什麼改變。

一顆蘋果放在那兒一個月，

可能開始腐爛了。

一顆蘋果放在那兒一年，

已經腐爛、重新種植，並再次生長。

左腦　右腦

重覆地去想一樣的事情，

我們的腦會開始萎縮。

而若是不斷地去想些新的玩意兒，

則可以刺激腦部發育，

新玩意就像是腦袋的糧食一般。

如果我們只是重覆一樣的事情，

腦袋是沒辦法維持正常功能的。

在我們進入睡眠的時候，

腦袋即進入休眠狀態，

當我們清醒的時候，

我們應該要有利的運用腦袋。

當我們有正面的想法，

我們也會獲得好的事物；

但是如果我們只有負面想法，

我們也將收穫不好的事物。

如果我們從未從任何人手中

獲得任何禮物，

千萬不要等待禮物。

反之，

從這一刻開始，

我們應該為自己創造禮物。

禮物

給予小孩的禮物是玩具和糖果；

給予運動員的禮物是獎牌與榮譽；

給予愛人的禮物是接受與理解；

給予勇於嘗試者的禮物是成功與賞識；

給予好人的禮物是讚賞與欽佩。

給予壞人的禮物

是其他的壞人對他們的認同。

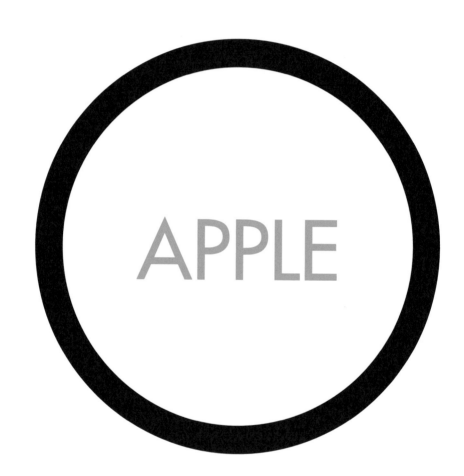

一箱的蘋果放在那兒一天，

沒什麼變化。

一箱的蘋果放在那兒一週，

很快就會消失了。

因為幫傭害怕蘋果會整箱腐爛，

馬上就請示主人把蘋果處理掉了。

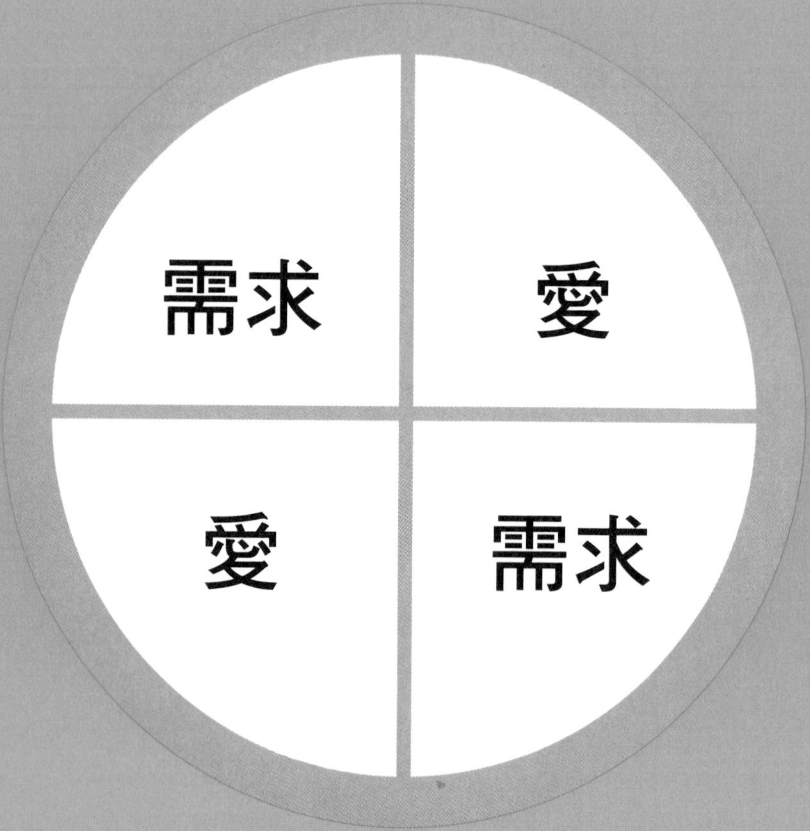
需求
愛
愛
需求

有時候我們需要「愛」，

有時候我們愛「需求」。

有時候我們需要愛，

有時候我們愛那份渴求的慾望。

快樂圍繞著你

&

你距離快樂其實很近

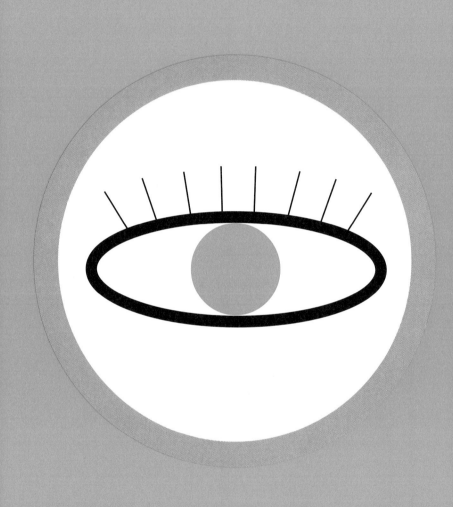

當那個東西在我們眼前的時候，

我們總是忽視它。

當那個東西消失的時候，

我們總是希望它會再度回到我們身邊。

失物招領

有些遺失的東西，

我們可能有機會尋回他，

也可能有機會重新購得他。

然而，有些東西一旦失去了，

便永遠不會再回來了。

像是：

愛，有的時候一旦不愛了，便永遠不會再回來；

時間，一旦流逝了，便永遠不會再重來；

機會，如果我們不緊緊抓住它們，

便會永遠錯過。

每個人都只擁有一段「人生」，

我們要好好的照顧它，用真心對待它

它會回報以精彩的顏色。

但如果無心，終將永遠的失去它的意義。

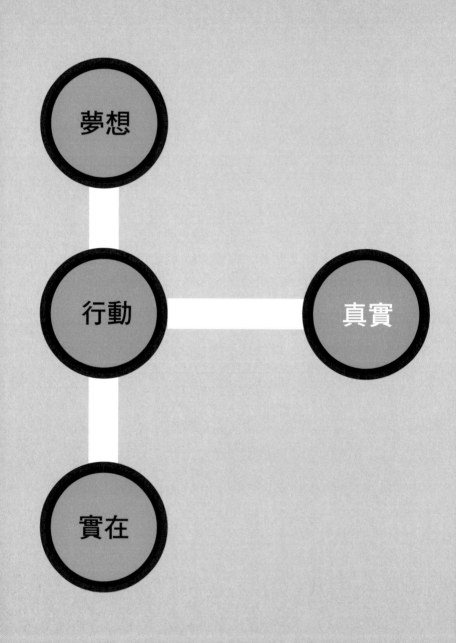

夢想從來不會被弄丟，

因為我們從未真正見過它。

對於那些

嘗試著使夢想成真的人們而言，

它們可能只看見影子。

但是對於那些

從未試著去實現夢想的人而言，

這輩子不要說夢想，

恐怕連影子都沒看過呢。

機會屬於那些

打開心房用心去看的人們。

因為一個機會，

不是一個夢想，也不是一個物件。

不要嘗試用你的眼睛去看它，

請運用你的想像力，

然後你就能看見它。

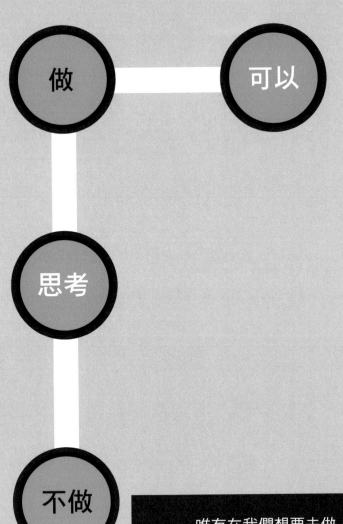

唯有在我們想要去做
並且相信它是可能的時候，
力量才會產生。

在科幻英雄片《超人》當中，

他誕生的星球氪星上，

每個人都擁有和他一樣的力量。

儘管他們擁有超乎地球人的能力，

但在氪星上他們是一樣的。

然而，

仍會有一群人擁有比其他人更強大的力量。

是哪一群人呢？

答案是──勇於嘗試的人。

勇敢是唯一可以區別

平凡人和不凡人的條件。

反射的果實，

是一種只有去栽種它的人

才可以吃到的果實。

懶惰者的反射果實

是沒工作＋沒有錢，一無所有。

努力工作者的反射果實，

是進步＋職涯上的智慧＋責任感

＋穩定性＋自信。

反射果實

並不生長於土壤之中。

反射果實

並不會瞬間結成果實。

反射果實的成長

取決於人們的行為之中。

反射果實

取決於人們的天賦之中。

反射果實

取決於人們的決心之中。

反射果實

取決於人們是否勇於嘗試。

嘗試改變

勇敢嘗試

並不會讓你迷路，

嘗試是不會被看見的，

但是卻可以改變世界。

世界運行的方法與發明家的產物一樣，

並不是無中生有而來的，

是一個人非常努力地去做一件事，

儘管頭破血流、渾身是傷也不退怯，

如果不成功，

它們就不停止、不放棄。

竭盡所能去嘗試就如同衝向前線一般

世界這麼大，

有些人對一切感到無趣，

而有些人無條件地熱愛世界萬物。

差別只在於

那些對世界感到無趣的人，

從沒有看見世界的美麗；

而那些熱愛世界的人，

他們本身的存在

就是這個世界美好的原因。

HEART

與

EARTH

相同還是不同呢？

答案是一樣的。

HEART與**EARTH**

這兩個單字都使用了

相同的字母拼寫而成。

HEART與**EARTH**是不一樣的，

雖然使用了一樣的五個字母

但是排列順序是不同的。

這代表了什麼呢？

不管在什麼時候，

只要處在這個地球上，

我們都可以用真心持續地去過好生活。

快樂

美好

快樂和美好是各自存在，

或是彼此相輔相成的呢？

由美好事物之中所生成的快樂

是相輔相成的，

因為當有一個人試著讓這個世界更美好，

他們總是會得到快樂做為回報。

而從其它事物而來的快樂，

尤其是從不美好事物中獲得的，

通常沒辦法成立，

而就算成立了，也是稍縱即逝。

不美好在這裡代表的是

掠奪＋過度開發＋妒忌。

思考

＝

自我

＝

我思故我在

每個人都有不同的思考，

不必對這件事感到驚訝。

當我們想的不一樣，

做得也會不一樣，

結果當然也是不一樣的。

當我們打一顆蛋到平底鍋裡油煎，

我們會得到一盤煎蛋；

當我們把一顆蛋放進熱水裡煮，

我們會得到一顆水煮蛋。

而當我們把負面思考放進我們的腦中，

大腦要如何產出正面思考呢？

如果今天你單純想吃一顆橘子，

你會一個人獨享。

如果你想要用愛來品嘗一顆橘子，

你會和你的家人朋友分享這顆橘子。

生命的滋味會因為我們和別人分享而增添風采。

一半屬於我們自己，

一半與他人分享，

無論是家人、朋友、鄰居還是另一半。

當找尋的事物就在我們眼前時，
我們反而容易無視它，

而當它離去的時候，
我們卻渴望它會再度回來。

愚蠢的人

總是把錯的看成對的。

假裝愚蠢的人

會為了金錢而無所不用其極，

他們假裝無知，

假裝什麼都不懂。

假裝愚蠢的人

藉由欺騙而獲得不正當的金錢，

並摧毀他們的家庭、公司甚至國家。

抑或是，

他們真的如此愚蠢。

好

＋

更好

＋

最好

當我們即使積極正面思考並日行一善，

卻還沒有成為「好」的時候，

我們會做什麼？

有沒有可能在這個世界上，

有人就是天生比我們好、

有人就是做的比我們更好？

這些人似乎理所當然的

得到比我們更好的所有事情。

更好的工作、更好的財富、

更好的房子、更好的伴侶、

更好的生活。

而我們該做的事絕不是陷入絕望，

而是應該把事情做得更好。

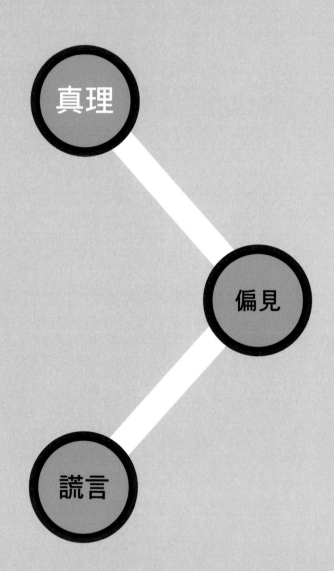

如果我們可以欣賞他人的表現，

贊同別人也做的好、有天份，

那固然很棒，

但這是個現實的社會，

我們害怕說出真相或是去思考真相。

阻礙我們看見真相的是——偏見。

偏見就如同戴上

有妄想的眼鏡一般，

當一個人帶上這副眼鏡的時候，

他們會認為好的事情是不好的，

而詭異的是——壞的事情卻是好的。

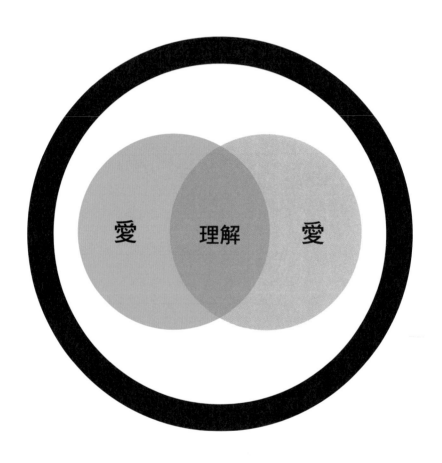

想法不同是一件再自然不過的事，

即使是雙胞胎也都有不同的思維。

當人們想法不同並且不同意對方時，

有些時候會形成爭執，

甚至演變成和全世界爭論。

除非你接受他人的不同意見，

否則你可能得躲到一個無人島，

在那裡沒有人會與你爭吵。

接受別人的意見即是理解這個世界，

這會加強我們想去無人島的渴望，

但是同時允許我們去練習理解別人想法的重要性。

當你認為此事為好，
那麼好事便會發生。

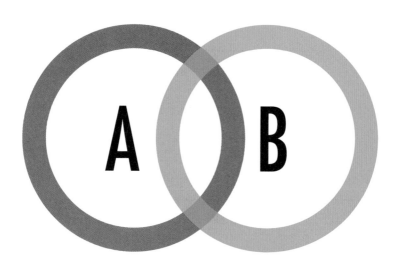

當你擔心受怕，
那麼往往會一語成讖。

當兩件事情接踵而來的時候，

通常會有相對關係，

形成好事與壞事。

對於保有正向態度的人來說，

他們總是看見美好發生；

對於持有負面態度的人來說，

他們通常看見悲慘來臨，

往往在事情尚未發生之前就開始擔憂。

當兩個物件相遇的時候，

科學家喜歡將他們命名為X與Y，

並且稱他們為染色體，

即能夠從細胞轉化而成人類的形式。

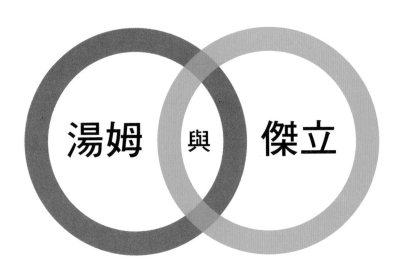

湯姆 與 傑立

當兩個卡通角色相遇的時候，

漫畫家威廉漢納與約瑟夫芭芭拉

將他們兩個人物稱為湯姆與傑立。

一個代表貓，

另一個代表老鼠，

他們彼此總是水火不容、爭吵不休。

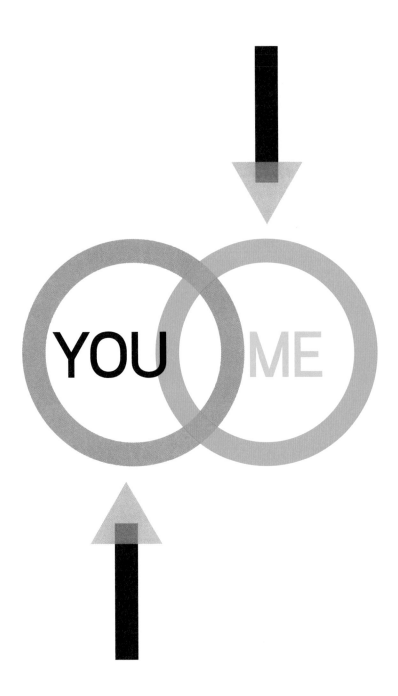

時間與地點使我們找到彼此。

有的人在同一棟建築物裡面工作，

有的人在同一所大學求學，

但是，

如果我們沒有在對的時間裡，

我們永遠不會遇見彼此。

有的時候你可能很想念某人，

那個人可能同時也在想念著你，

但如果你們不在同一個地方，

你永遠不會與對方相遇。

恭喜那些戀人們，

那些相遇過的、碰觸過的及感覺過愛的人們，

因為你和你的愛人，

在對的時間、對的地方找到了彼此，

我們稱呼這叫做「命運」。

阻撓與復仇

是不一樣的概念，

但是結果卻常常是相同的。

當一個物品影響了另一個，

不論是A影響B或是B影響A，

結果常常是一樣的。

對關係中的兩人而言，

都是一盤難以拆解的僵局。

男人 + 女人

男孩 + 女孩 + 男孩 + 女孩

男孩與女孩不論何時相遇，

都會有摩擦產生。

如果他們可以摩合成功，

那麼可能愛會產生，

並進而延續生命。

一般來說，

我們常見的樹木插畫

通常是圓形或是三角型的，

我們很少看到有人畫出方型的樹，

對吧？

在真實生活中，

你也不可能找到一顆自然生長成方型的樹。

但是你可以創造方型的樹木插畫。

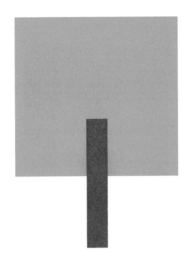

藝術創作有的時候是一位作家的想像，
有的作品是刻意為之的半成品，
需要觀賞者的想像來完成藝術品。

每個人都擁有自己的想像空間，
也需要取得一種平衡，
才能使作品愈臻完美。

我想像中的圖畫裡有一張椅子，

他擁有很多隻椅腳，

因為它是一張不會倒的椅子。

但是現實生活裡的椅子，

通常都有超過三隻以上的椅腳，

椅腳越多根基越穩定，

越能幫助它平衡。

就好比我們賴以維生的生活和工作，

我們用基本常識來過活，

以擁有一個穩定的生活。

如果生活缺乏穩定的根基，

我們便很容易搖搖晃晃終至墜落。

任何一個地方若發生問題，

那必然有它的解決之道。

若一個地方有其解決之道，

那意味者問題已經解決。

如果有人不知道何謂解決之道，

看看你的四週，到處都有「出口」。

如果你找不到出口，

就請回到入口，追本溯源，

這是最好的解決之道。

生活並非只有起起落落，
生活有的時候向右擺盪，有的時候向左，
有的時候往前，有的時候往後。

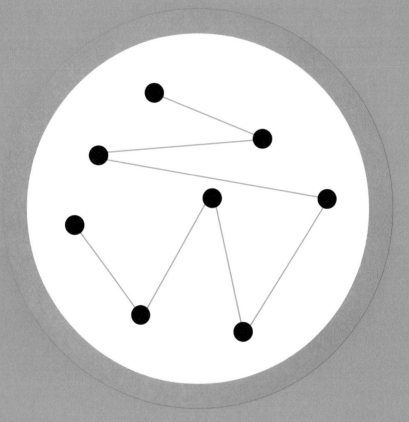

當你看到這些事情在生活中發生的時候，
請不要感到驚訝，
因為在生活中我們總是會有奇怪的遭遇。

如果你無法得知你的生命的啟始時刻與地點，
你可以從現在這一刻開始，往後重新計算。

經驗可能會改變我們人生的路徑，
走在一條只能往前走的道路上，
我們不免會遭遇到阻礙，
有時候拐個彎就可以，
有時候可能得繞一大圈才能通過。

有時候我們需要休息，
有時候我們需要跑的比別人還快，
有時候我們需要一杯冰涼的水來恢復狀態，
有時候我們需要跳躍以避開前方的障礙。

如果沒辦法好好的跟上生活的節奏，
便可能一路氣喘吁吁、汗流浹背地被追趕著，
甚而因此而跌落一旁，
或一頭撞進阻礙深坑裡。

當你望向月亮，
你會看見什麼？。

如果你看見的是香蕉，
那是否意味著你餓了？

如果你看見了一隻兔子，
那是否意味著你仍有懷有赤子之心？

月亮從不對任何人微笑，

如果你看到月亮在微笑，

這表示

你現在很開心，

又或者是「戀愛」了。

一位有名的泰國演員曾經說過：

「愛使人的盲目變得較不盲目，

因為愛是美好的，

而愛從不會使人盲目。」

當我們有自信的時候，
我們的想法是積極且正面思考的，
不容易受到負面的想法影響。

有兩杯熱水，

一杯有蓋杯蓋，一杯沒有，

沒有杯蓋的那杯會比蓋上杯蓋的那杯更快變涼。

因為沒有杯蓋的那杯直接與空氣接觸，

改變了自己，適應了環境。

相同的，

一個擁有溫暖的心且積極想法的人，

應該要避免自己被冷漠的負面想法所包圍，

不論我們認為自己的正能量有多強大，

如果我們魯莽的過生活，

而忘了蓋上蓋子來保護自己的正能量，

那麼負面思想便很容易竄入，

影響了我們的心思。

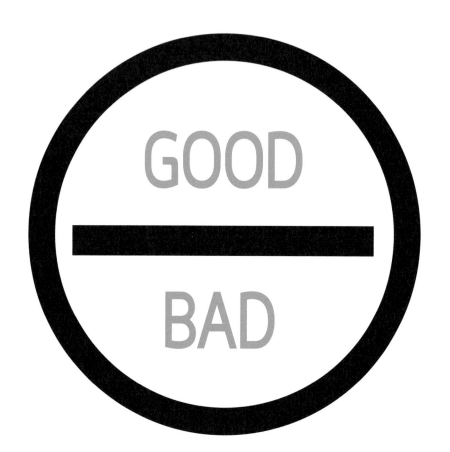

地球上的善惡如何分辨，

在每個人心中自有一把尺來區分。

某方認為我做了對的事情，

但是另一方卻可能認為這是不對的。

這意味著每個人的不同，

即使方向一樣，

答案也有程度上的不同。

好人大部分的時候是平靜地生活著，

壞人總是利用權力去威脅別人，

有一天所有的好人都會放棄，

因為很難降低自己的行為

變成跟壞人一樣的庸俗程度。

生活的藝術

一張白色的紙就好像我們的大千世界，
畫筆就像是我們的生活，
顏色就如同我們生活中發生的事件。

假設我們想像愛的顏色是紅色，
當一個人的畫作裡使用了很多的紅色，
這可能代表這幅畫的作者找到了愛。

假設我們想像快樂的顏色是藍色，
當一個人的畫作裡使用了很多的藍色，
這可能代表這幅畫的作者找到了快樂。

假設我們想像美好的顏色就是粉紅色，
當一個人的畫作裡使用了很多的粉紅色，
這可能代表這幅畫的作者找到了美好。

橘色和黑色

只要一個人有能力去聽、去看、去感受、去閱讀，
不同的顏色都儲存在一個名為腦袋的顏色盒子裡。
年復一年，
越來越多的顏色存放在腦海中，
直到有一天，
這些顏色會轉變成為一幅藝術品。

藝術其實很簡單，
他是我們在生活中遇到的許多事件的總合，
對某些人而言，
他們的畫可能是黑色的，
因為他們的腦海裡儲存了大量的恐懼；
對某些人而言，
地球是橘色的，
因為腦中總是被溫暖能量所填滿，
黑色一點都沒能滲入這幅畫作。

不要試著去捕捉一隻太大的魚，

因為它很難被捉到。

有些魚注定不是人類的食物，

魚並不會來打擾人類，

但是人類卻很愛去打擾牠們。

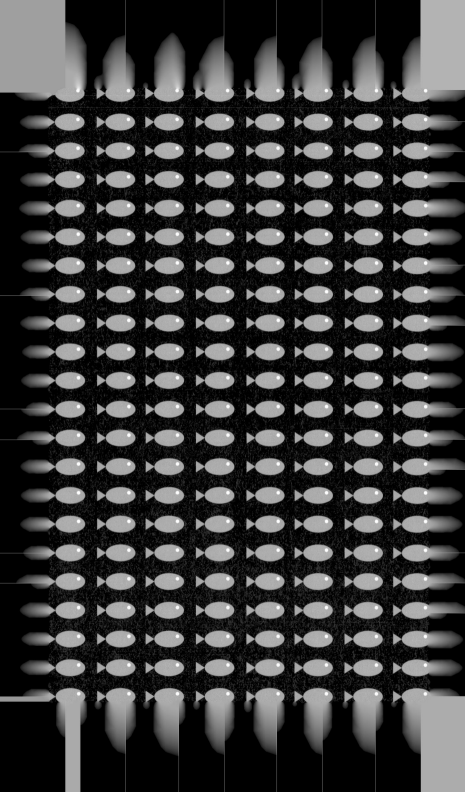

有些魚太小了，

不要捕捉牠們，不要吃牠們，

別的不說，

牠們根本無法填飽我們。

有些魚正在生殖的季節，

請讓牠們去孕育牠們的下一代，

誕下更多魚寶寶，

這是魚的天然之道。

太多人短視近利，

不曾思索過地球環境的未來，

不曾想過地球生態的改變。

如果我們只是咀嚼食物、數日子，

不曾有意識地認知所作所為，

那麼在不久的未來，

我們的下一代將只能獲得一片空白。

初學騎腳踏車的時候，

找不到平衡點總容易跌倒，

但是我們會重新站起來，

把腳踏車牽起來繼續上路。

無數次的跌倒、受傷、撞得鼻青臉腫，

但是我們還是期待著騎腳踏車的樂趣。

擁有一個職業和一種生活方式，

就好像騎腳踏車一樣，

因為它讓你了解到為了使車輪繼續向前轉動，

有的時候跌倒、受傷

甚至摔得鼻青臉腫都是必經過程。

如果我們想繼續前行，

腳踏車鍊脫落時，我們要重新裝好；

輪胎破了，我們要重新打氣；

摔車了，我們要爬起來繼續騎下去。

因為生活需要我們持續踩下腳踏板，持續前進。

TOUCH

+

WATCH

我們沒辦法擁有全世界，
但是我們可以為自己的想法做主。

當你用心觀察這個世界，

你自然會看見世界的豐盛，

並了解世界給予我們非常多。

有些事情能令我們開心，

是因為我們擁有它。

有些事情能令我們更加開心，

尤其是當我們獲得它的時候。

有些事情能令我們心情平靜、感覺美好，

可能只是靜靜看著他的時候。

CHAIR

(1) (2)

TABLE

(3) (4)

SHARE

一張桌子、四張椅子，

代表有四個人能坐下。

一張桌子、兩張椅子，

代表有兩個人能坐下。

一張桌子、一張椅子，

代表只有一個人能坐下，

而其餘的人得站著。

CHAIR = SHARE

椅子的意念是分享，

那些擁有很多的人，

請分享你所擁有的，

若你只想獨享，這些東西你永遠也用不完，

多餘的衣物，分享吧！

豐收的食物，分享吧！

豐富的知識，分享吧！

創造者
=
創造美好事物的人們

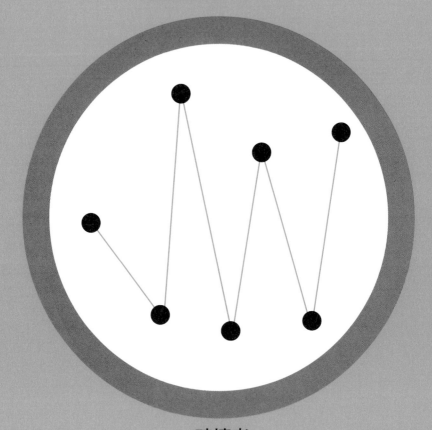

破壞者
=
使美好的事物消失的人們

起起與落落，

創造與破壞，

這個世界上有更多的創造者還是破懷者呢？

答案是──

只要世界上還有摩天樓，

從建築工人、水電工人、疊磚瓦工人，

到遊戲設計師、電影製片人、作曲者、作家，

到比爾蓋茲、賈伯斯、馬克札克柏格……

地球上的創造者仍然多過於破壞者，

創造者善用他們的手，

破壞者則善用他們的嘴。

徒手抓一條魚，
困難嗎？

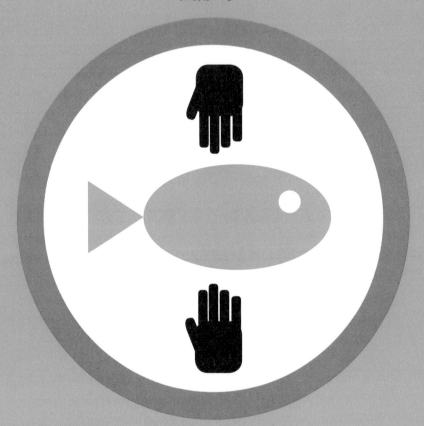

人類開始用手抓魚，
用石頭製造陷阱，
然後誘使魚兒上鉤。

抓魚以目前技術而言，

並不算困難，

因為人類變的更聰明了，

我們運用許多工具獵捕了大量的魚。

抓魚雖然變得簡單了，

然而如何在商業與保育的平衡下，

持續保有我們美麗的海洋生態，

卻是新世紀的新課題。

水質、海洋、海灘、樹木、

動物、鳥禽、昆蟲……

還有我們賴以呼吸的空氣，

都需要受到我們的保護。

如果人類能夠知道聰明補獵動物的方法，

那麼也應該運用聰明的腦袋來改善

這些人類所製造的環境問題。

樹木需要我們的雙手來照顧與維護。

有些人住在木造的房子裡，

有些動物的巢穴建造在樹木之上，

而我們呼吸所需要的氧氣，

是由樹木轉換製造而來的。

在你的一生中，

你能夠數得清楚有多少顆樹木

因你而被砍伐嗎？

你知道有多少顆新樹苗被種植

以取代那些我們所失去的嗎？

如果S代表SUPER，
那也意味某種SPECIAL。

> SHE

那麼SHE這個字就等於超級的「她」，
表示比「他」更特別，
而這個特別很有可能是指
女人擁有使男人墜入愛河的神奇魔力。

當她微笑的時候，

她使世界變得熱鬧；

當她開心的時候，

她使得世界變得更美麗；

當她生氣的時候，

她讓問題變得不容易解決。

灰塵總是漂浮在空氣之中，

當我們關上窗戶、拉上窗簾、關起門，

儘管做到毫無縫隙，

但一段時間後，

房間仍然會產生灰塵。

灰塵是怎麼進來的呢？

答案——

灰塵總是隨風而至。

即使我們關上了一切，

灰塵總是有辦法找到進來房間的方法。

我們該如何阻止灰塵進入呢？

答案是——

好的空氣品質和舒服的微風，

能降低空氣中雜質灰塵，

室內也能潔淨許多。

當我們有足夠的正面思考，

負面的思緒便不容易堆積生成。

因此當你意識到負能量的灰塵開始堆積時，

一定要即刻清掃，

否則他會傷害我們腦中的正能量，

而一旦負能量佔地為王，

就很難把它驅逐出去了。

成雙成對可能是世界上最美好的平衡。

有些東西一對剛剛好，

數量超過則會製造混亂與麻煩。

一對一是平衡，

超過二在大自然中便很容易失衡，

例如小三與小王。

單一而獨特，是最好的存在。

有些東西只要一個就夠了，

如果超過一個，便會製造混亂與麻煩。

舉例來說，嘴一張就夠了，

說太多、吃太多都不是好事。

愛人一個就夠了，

兩人彼此守護對方，

維持最佳平衡。

有的時候擁有一件事物就足夠了。

舉例來說，地球有一個月亮，

而一個就足夠了。

另一方面來說，

木星有十三個月亮，

有的時候還挺令人暈頭轉向的。

一個男人有一個妻子也是足夠的。

但是，

有些男人擁有很多妻子，

所以他們的人生也常常被搞得暈頭轉向。

如果你問一個蓄鬍的男人為什麼留鬍子？

他可能會說：因為鬍子讓我更性格。

有的鬍鬚則只是裝飾目的，

為了讓形象看起來更為成熟穩重；

有的鬍鬚十分茂密，

彷彿能夠在呼吸的時候過濾空氣。

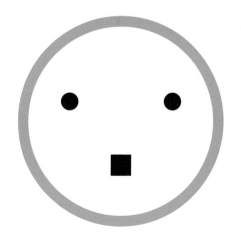

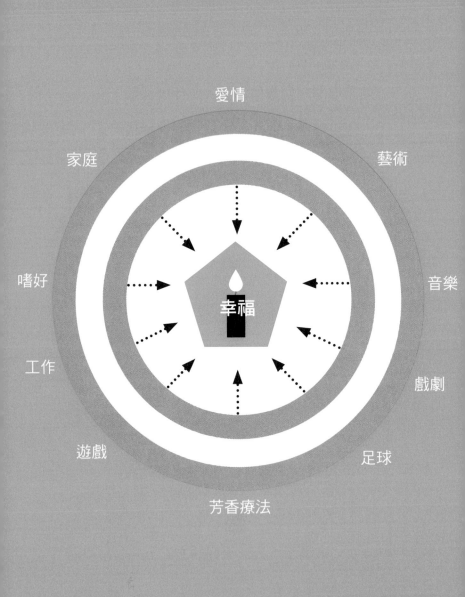

如果有八個人在尋找五個

擁有九顆星星光芒的正方形，

每個人都會從不同方向去尋找。

世界上有非常多的人，

曾經嘗試著要去解釋快樂是什麼，

以他們的觀點去了解快樂，

而當有人不相信他們，

這些人會變得難過或是有挫折感。

但真相只有一個，

並且指向同樣的東西，

我們的生活需要更多的快樂。

所以請停止生氣、開始微笑，

這是享受人生最好的方法。

機會從未消逝。

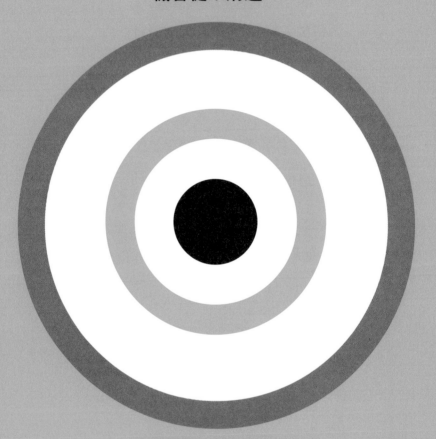

機會總是在那裡，
提供準備好的人隨時摘星。

蠟燭的光芒和太陽的能量是不一樣的。

但是，當天空變得灰暗時，

就是我們需要蠟燭的時刻，

即使只是曖曖的微弱光線。

即使一個機會看似極度渺茫，

我們仍然能夠望見那一抹微光，

不是嗎？

邪惡的人使壞無下限，

他巴不得激發人性的邪惡面，

讓人人都跟他一樣邪惡。

善良的人則是以善心度量他人，

以善念為出發點，

渴望達到世界和平、人心向善的境界。

施比受更有福，
願意付出的人總是比單方面接受的人
更能獲得快樂。

對孩子而言，

堆沙堡這件事情就如同創造夢想一樣重要。

如果在海邊發現了一座沙堡，

請不要破壞它，因為當你破壞它，

就彷彿破壞了一個孩子的夢想一般。

為了建造一座沙堡，孩子必須要堆積很多沙子，

其中包含了許多的心思和技巧，

接著他們用雙手將散沙塑型，並且用貝殼裝飾。

但是要摧毀一座沙堡何其容易，

只要用力的踩踏上去，一切就馬上被摧毀殆盡了。

如果我們重視自己的夢想，

如同他人的夢想一樣重要，

那麼，不要輕易的去破壞別人的夢想。

POWER IS BIG

對成年人來說，

權力會改變人們。

當人擁有了權力的時候，

就會不斷地去行使他的權力。

當人擁有越大的權力時，

便可能越堅定的認為自己是對的，

而不會去探求其他力量。

擁有權力的人們永遠不會錯，

因為權力能導致「積非成是」。

在河川裡流動的水會流經

許多大大小小的石頭。

流水經過小石頭、大石頭、溪流中的沉澱物，

這些過程使得水質更加清澈，

就好像天然的過濾器。

如果你的生活充滿了數不盡的故事，

找一本好書來閱讀，

然後過濾掉那些流進你生活中的毒素。

從一本好書中學到的事物，

是最高等級的過濾器，

能夠使我們的生活變得更美好。

如果每天你生命中的快樂

都來自於說人長、道人短，

試試看做些別的事情吧！

用以下的方式找到你的快樂：

讚美、尊重、敬佩身邊圍繞著你的人們。

今天就這麼試試！

如果這樣做沒能使你快樂，

那麼至少，你不會是痛苦的。

你不必因為胡亂生氣而對別人愧疚，

或是對自己的行為反感。

而如果你能感到快樂，

那就太棒了，

持續做下去吧！

稲草人

在這個時代，

以牧羊犬去驅趕羊群不是一件很有效率的事情，

一個牧羊人如果懂得利用機器來管理羊群，

會更加提升產能。

就如同稻草人的示警意味，

也早已被新時代的新科技所取代。

這即是與時俱進，

隨著文明進步而進化技術。

為什麼地球是圓的？

因為──

所有的事情有始必有終，

所有的事情有因必有果。

宇宙在一百五十億年前形成，

在一個空的狀態裡面，無形的物質發生了大爆炸，

科學家稱之為宇宙大爆炸。

隨著氣體的形成和聚集，

因此產生了更多的氣體和物質原素。

隨著宇宙的擴大膨脹，

氫原子和其他元素開始融合而形成一個球體，

而這個球體最後成為我們的太陽。

周圍的吸積盤慢慢的形成行星、小行星和流星。

太陽和它的子行星被稱做為「太陽系」，

九大行星圍繞著太陽如同飛盤狀的軌道運行。

一個獨立的銀河系可以包含超過三百億以上的星星。

而在宇宙之中，有超過五百億個銀河系，

有圓形的、橢圓形的，也有圓扁狀的。

人類僅僅不過是在無垠的宇宙之中很小一部份的生物。

如果，我們能夠將宇宙的全部星星收集在一起，

宇宙裡的一顆星星，就如同地球上的一粒沙子一般；

而人類不過是形成那一粒沙子裡面的一點點粒子，

最小最小的那個部份。

現代人類的大腦與距今十萬年前的相比，

約成長了百分之一百四十。

因為人類為了生存，

不斷用大腦思考，激化了大腦成長。

人類以雙腳行走，前肢進化為所謂的「手」，

大腦和雙手使得人類得以打造住所，

得以打獵維持生計。

人類創造了語言、文字，透過聲音與詞彙溝通。

創造了可以傳遞給下一代的大量教育和知識。

「愛」從不會傷害任何人，

只有「人」會傷人；

「愛」使父母親和小孩一樣快樂，

「愛」並不會製造問題，

但是「沒有愛」會產生問題；

「愛」不會是你難過，

但是「心碎」會使你難過；

所以千萬別心碎，如果你不想要難過的話。

「愛」不會使任何人感到孤單，

即使我們自己一個人的時候。

當我們想到我們愛的那個人，

他就好像在我們身旁一樣。

「愛」不會產生絕望，

但是「無法自我實現」會讓我們感到絕望。

我們會渴望獲得「某些東西」，

但是卻不一定能夠稱心如意。

如果在這個世界上，

人人都能要什麼有什麼，

那我們得需要多大的房子

才能夠裝下所有想要的東西？

不一定要據為己有才能獲得滿足，

很多事情只要體驗就能獲得快樂。

我們可以多多親近群山、河流還有森林，

我們可以在雨中玩耍，

然後等待看見雨後彩虹。

接著，在陽光的溫暖中被烘乾，

我們可以一起吃喝並且擁有美好的時光！

並不是花錢才能買到快樂。

「地球」充滿了

所有我們知道以及不知道的道理。

道理包含有原因的道理和那些沒有原因的道理，

這端看我們相信的是什麼。

人世間的流轉是未知數，

但我們能堅信圓的力量是不變的定數。

愛與快樂

愛＋快樂＋信仰＋生活方式

雖然是無形抽象的概念，
但卻可能使得一個人的價值觀有所不同。

沒有一個人是永遠的壞人，
沒有一件事會永遠糟糕透頂，
沒有一個生命會絲毫不被珍惜，
沒有一段關係會永遠走不出來。

地球是一個圓圈，相遇是一種緣分，
人生是一念圓滿。
圓，是一種循環，是一種加成，
是一種擁抱自己的力量。

最好的時光

閱讀《最好的自己》、《最好的工作》、《最好的生活》，
成就最好的時光！

超人氣講師暢銷多國作品，閱讀你的人生，成就你的大事。

人生不過就「生而為人」這一件大事，
不再留下如果，不再渴望重來，
從現在起，打造屬於你最好的時光！

透過作者日常而直白的提點，你將察覺未曾留意的自我盲點，
重新梳理個人、工作、生活中的各種人生事件，
幫你突破各種瓶頸，也替你所珍視的一切劃重點。

人生大事之最好的自己：30個關鍵詞，找回不再被情緒勒索的自己
CXZ0001，定價250元，特價199元

人生大事之最好的工作：每日一分鐘，啟動工作小革命
CXZ0002，定價250元，特價199元

人生大事之最好的生活：讓日子更自在的30個簡單思考
CXZ0003，定價250元，特價199元

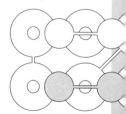

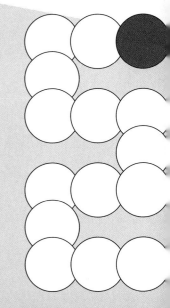

迎向新起點

世界總是多變，而唯一不變的是——
你擁有讓自己發光的能力。
只要你願意，現在就是新起點。

人生大事之自覺的起點：
30道人格習題，
拆解紛亂的思緒

CXZ0004，定價250元

人生大事之改變的起點：
10個自我改造提案，
與全新的自己相遇

CXZ0005，定價250元

人生大事之思考的起點：
40則暖心叮嚀，
發現你身上的美好

CXZ0006，定價250元

曾經，我們都是一只空杯子，
隨著年歲和經歷，杯子慢慢被填滿，
以各種挫敗、體悟、悲喜堆疊出今天的我們。

想要鑽研學問還是追逐權力？
想要增廣見聞還是累積財產？
想要登峰造極還是沒沒無聞？

**是時候清空杯底的灰塵與碎屑了，
丟下不必留存的渣滓，淘洗一個全新的自己。**

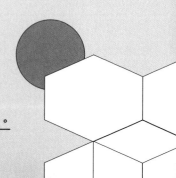

擁抱自己的力量
圓形思考的人生整理術

作　　者／丹榮‧皮昆（Damrong Pinkoon）
譯　　者／林青璇
主　　編／林巧涵
執行企劃／許文薰
美術設計／顧介鈞
內頁排版／唯翔工作室

第五編輯部總監／梁芳春
發行人／趙政岷
出版者／時報文化出版企業股份有限公司
10803 台北市和平西路三段 240 號 7 樓
發行專線／（02）2306-6842
讀者服務專線／0800-231-705、（02）2304-7103
讀者服務傳真／（02）2304-6858
郵撥／1934-4724 時報文化出版公司
信箱／台北郵政 79～99 信箱
時報悅讀網／www.readingtimes.com.tw
電子郵件信箱／books@readingtimes.com.tw
法律顧問／理律法律事務所　陳長文律師、李念祖律師
印　　刷／勁達印刷有限公司
初版一刷／2018 年 5 月 4 日
定　　價／新台幣 260 元
行政院新聞局版北市業字第 80 號

時報文化出版公司成立於一九七五年，並於一九九九年股票上櫃公開發行，
於二〇〇八年脫離中時集團非屬旺中，以「尊重智慧與創意的文化事業」為信念。

擁抱自己的力量：圓形思考的人生整理術 / 丹榮‧皮昆（Damrong Pinkoon）作
林青璇譯 . -- 初版 . -- 臺北市：時報文化，2018.05
譯自：A beautiful world is not enough　ISBN 978-957-13-7394-2（平裝）
1. 自我實現　2. 生活指導　177.2　107005682